Mutter**sprache** *plus*

5/6 **Leseheft**
Sagen

Erarbeitet von Sabine Mähring

Illustriert von Dorina Tessmann

W0085400

Textquellenverzeichnis

S. 4 Warum Sagen Sagen heißen, von Sabine Mähring (Autorin)

S. 7 Die Schlangen und die Bürgerglocke von Bernau (Sage aus Brandenburg). Nach: Adalbert Kuhn: Märkische Sagen und Märchen. Berlin: Reimer Verlag 1843. Umgeschrieben und bearbeitet von Sabine Mähring.

S. 11 Die Räuber im Gollenberge (Sage aus Mecklenburg-Vorpommern). Aus: Die Volkssagen von Pommern und Rügen, J D. H. Temme, Berlin: Nicolai 1840, Nr. 157.

S. 17 Christoph Schlobachs großer Hund (Sage aus Sachsen). Aus: www.sachsen-lese.de, Willy Winkler. Weimar: Bertuch-Verlag. [abgerufen: 23.3.2020]

S. 21 Ritter Sankt Georg und der Drache (Sage aus Sachsen-Anhalt). Nach: Sagen und Legenden aus Nebra (Unstrut). Gesammelt und neu erzählt von Rudolf Tomaszewski, Nebra: 1987. Bearbeitet von Sabine Mähring (Autorin).

S. 25 Der silberne Nagel (Sage aus Thüringen). Aus: Der pfiffige Bauer und andere Volkssagen um Stände und Berufe, aus dem Thüringischen. Walter Nachtigall und Dietmar Werner (Hrsg.). Hanau: Dausien Verlag 1987.

S. 31 Der Teufelsdamm im Galenbecker See (Sage aus Mecklenburg-Vorpommern). Nach: Die Volkssagen aus Pommern und Rügen, J D. H. Temme, Berlin: Nicolai 1840, Nr. 233.

S. 36 Die Teufelsmühle (Sage aus Brandenburg). Nach einer Sage aus Brandenburg neu erzählt von Sabine Mähring (Autorin).

S. 38 Krabat: Buchinhalt zusammengefasst von Sabine Mähring (Autorin). Nach: Otfried Preußler. Deutscher Taschenbuch-Verlag: München 1980.

S. 43 Die Sage vom Scheibenberge und seinem Zwergkönig (Sage aus Sachsen). Nach: www.sachsen-lese.de, Weimar: Bertuch-Verlag. [abgerufen: 23.3.2020].

S. 48 Ludwig der Eiserne baut eine lebende Mauer (Sage aus Sachsen-Anhalt). Aus: Sagen und Legenden aus Nebra (Unstrut), Gesammelt und neu erzählt von Rudolf Tomaszewski, Nebra: 1987.

S. 53 Die fremde Kuh (Sage aus Thüringen). Aus: Der pfiffige Bauer und andere Volkssagen um Stände und Berufe, aus dem Thüringischen. Walter Nachtigall und Dietmar Werner (Hrsg.). Hanau: Dausien Verlag 1987.

Redaktion: Angela Lucke, Berlin
Illustrationen und Umschlagillustration: Dorina Tessmann, Berlin
Gesamtgestaltung und technische Umsetzung: werkstatt für gebrauchsgrafik, Berlin

www.cornelsen.de

Die Links zu externen Webseiten Dritter, die in diesem Lehrwerk angegeben sind, wurden vor Drucklegung sorgfältig auf ihre Aktualität geprüft. Der Verlag über- nimmt keine Gewähr für die Aktualität und den Inhalt dieser Seiten oder solcher, die mit ihnen verlinkt sind.

Die mit * markierten Texte wurden aus didaktischen Gründen gekürzt und/oder verändert.

1. Auflage, 1. Druck 2020

Alle Drucke dieser Auflage sind inhaltlich unverändert und können im Unterricht nebeneinander verwendet werden.

© 2020 Cornelsen Verlag GmbH, Berlin

Das Werk und seine Teile sind urheberrechtlich geschützt.
Jede Nutzung in anderen als den gesetzlich zugelassenen Fällen bedarf der vorherigen schriftlichen Einwilligung des Verlages. Hinweis zu §§ 60 a, 60 b UrhG: Weder das Werk noch seine Teile dürfen ohne eine solche Einwilligung an Schulen oder in Unterrichts- und Lehrmedien (§ 60 b Abs. 3 UrhG) vervielfältigt, insbesondere kopiert oder eingescannt, verbreitet oder in ein Netzwerk eingestellt oder sonst öffentlich zugänglich gemacht oder wiedergegeben werden. Dies gilt auch für Intranets von Schulen.

Druck: AZ Druck und Datentechnik GmbH, Kempten

ISBN 978-3-06-063369-2

PEFC zertifiziert
Dieses Produkt stammt aus nachhaltig
bewirtschafteten Wäldern und kontrollierten
Quellen.

PEFC
PEFC/04-31-2260

www.pefc.de

Inhaltsverzeichnis

Warum Sagen Sagen heißen

In früheren Zeiten gab es keinen Fernseher und die meisten Leute
konnten weder lesen noch schreiben. Man wusste nicht, was an
anderen Orten passiert war.
So wurden Ereignisse, von denen irgendjemand von irgendwem
5 gehört hatte, weiter*gesagt*. Jeder schmückte das Gehörte aus,
um die Geschichte spannender zu machen oder weil man sich
an die Einzelheiten nicht mehr so genau erinnern konnte.
Aus den Sagen wurden oft fantastische Geschichten, in denen
Riesen, Zwerge oder Hexen vorkamen. Um die Zuhörer glauben
10 zu machen, dass die Geschichte wahr sei, ließ man sie an
wirklichen Orten stattfinden oder Personen handeln, die allgemein
bekannt waren.

1 Glaubst du an Hexen, Elfen, Zwerge oder Zauberer?

☐ ja   ☐ nein

Sind dir solche Wesen schon in anderen Geschichten begegnet?
Wenn ja, in welchen?

_____

_____

In **Natursagen** wird berichtet,
wie auffällige Bergformen oder
Meeresbuchten entstanden
sein könnten.

5 In **Heldensagen** geht es um
Helden, die aus der Antike
bekannt sind oder die wirklich
existiert und Großes vollbracht
haben.

10 **Geschichtssagen** beziehen sich
auf historische Personen oder
Orte.

In den sogenannten **Volkssagen** sind es oft normale
15 Menschen, die unterstützt von
guten oder bösen Geistern an
realen Orten Dinge erleben,
die man weitererzählt –
vielleicht, weil man etwas
20 daraus lernen kann.

2 Welche Orte gibt es in deiner Nähe, die besonders aussehen und
über die man etwas *sagen* kann?
Manchmal sind es beispielsweise ein einzelner Baum oder ein
Teich, über die es eine alte Geschichte zu erzählen gibt.

_____

_____

_____

_____

_____

_____

Im Gegensatz zu den Märchen haben die Sagen nicht immer
ein „Happy End".
Auch im echten Leben nimmt nicht alles einen guten Verlauf,
und Sagen beziehen sich ja auf Begebenheiten, die wirklich
stattgefunden haben sollen.
Übrigens behaupten manche Leute, dass es auch moderne Sagen
gibt. Diese werden über das Internet weitergegeben. Eine Sache,
von der man gehört hat, wird dramatisiert, Details werden
dazuerfunden, mögliche Tatsachen vielleicht sogar verdreht.

3 Warum machen Menschen so etwas?
Formuliere deine Gedanken dazu.

_____

_____

_____

4 Sind diese modernen Internet-Geschichten Sagen?

_____

_____

_____

Die Schlangen und die Bürgerglocke von Bernau
(Sage aus Brandenburg)

In vielen Sagen aus alter Zeit spielen Tiere eine große Rolle,
so zum Beispiel in dieser Geschichte aus dem Städtchen Bernau
in Brandenburg.

In der Umgebung von Bernau gab es damals viele Nattern und
Schlangen, die für die Bauern bei der Landarbeit zu einer Gefahr
werden konnten. Deshalb wurde beschlossen, alle Einwohner
zu einer großen Versammlung zusammenzurufen, um über
5 die Bekämpfung der Schlangenplage zu beraten.
Die Zahl der Einwohner war aber in der letzten Zeit sehr gestiegen
und man benötigte eine Glocke, um alle Bürger zusammenrufen
zu können. Der Ort besaß aber keine Glocke, und so wurde
zunächst einmal entschieden, eine solche herzustellen. Dazu muss
10 flüssiges Metall in eine Form gegossen werden. Viele Bürger
waren bereit zu spenden, damit eine große Glocke entstehen
konnte: Sie brachten Gold, Silber, Schmuck, Besteck und was sie
sonst noch an Metall besaßen, sodass der Guss alsbald beginnen
konnte.

15 Als die Gussmasse kochte, kam noch eine ärmlich gekleidete alte
Frau daher und trat an den Schmelztiegel. Sie sprach: „Ich kann
zwar weder Gold noch Silber schenken, was ich geben kann,
sollte jedoch nicht verachtet werden." Nachdem sie diese Worte
gesprochen hatte, holte sie aus ihrer Tasche eine lebendige
20 Schlange und eine Natter und warf beide in den heißen,
brodelnden Guss. Dann erhob sie ihre Stimme noch einmal:
„Schlangen und Nattern werden verschwinden, soweit der Klang
der Glocke reicht. Ohne Schlangen und Nattern wird die Gegend
sein."
25 Die Glocke wurde bald darauf im Kirchturm aufgehängt. Und
tatsächlich: Nach dem ersten Läuten verschwanden die Schlangen
und Nattern aus der Gegend, soweit der Klang der Bürgerglocke
zu hören war.*

1 Unterstreiche die Sätze, die die alte Frau sprach.
Lest sie einander laut vor. Wie klingt der zweite Teil ihrer Rede?

_____

_____

_____

_____

2 Wer war die alte Frau und wie könnte sie ausgesehen haben?
Stellt Vermutungen an.

_____

_____

_____

_____

3 Im Mittelalter wurde manchen Frauen, die sich mit Kräuterheilkunst auskannten, nachgesagt, sie wären Hexen.
Sie wurden wegen Zauberei angeklagt und bestraft.
Glaubst du, die Bürger von Bernau haben die alte Frau wegen Hexerei verurteilt? Formuliere deine Vermutung in einem vollständigen Satz.

_____

_____

_____

_____

4 Stell dir vor, du hättest damals in Bernau gelebt. Beim Baden im See oder beim Beerenpflücken in der Heide ist dir eine Schlange begegnet. Welchen Vorschlag hättest du zur Bekämpfung der Schlangenplage gemacht?

_____

_____

_____

_____

_____

_____

_____

5 Nach dem ersten Läuten der Glocke verschwanden die Schlangen aus der Gegend von Bernau. Glaubst du, die Schlangen wären auch verschwunden, wenn die Alte nicht beim Gießen der Bürgerglocke dabei gewesen wäre?
Schreibe deine Meinung auf und begründe sie.

_____

_____

_____

_____

_____

6 Es gibt in Deutschland heute noch Nattern und Schlangen. Nattern sind ungefährlich und nur wenige Schlangen sind giftig. Alle haben auf ihrer samtartigen Haut ein schönes, gleichmäßiges Muster. Zeichne in den Rahmen eine Schlange oder die alte Frau, wie sie die Tiere in den Tiegel wirft.

Die Räuber im Gollenberge
(Sage aus Mecklenburg-Vorpommern)

Der Gollenberg hatte in früheren Jahren eine Menge tiefer und
dunkler Waldklüfte[1], in denen sich lange Zeit hindurch große,
furchtbare Räuberbanden aufhielten. Es ist noch jetzt mitten
im Gollenberge eine Vertiefung, welche „Die Räuberkuhle" heißt;
5 in dieser sollen sie ihr Hauptlager gehabt haben. Das Gesindel
hatte sich so furchtbar gemacht, dass keiner wagte, es anzugreifen,
und dass sie ungescheut plünderten und mordeten, was ihnen
unter die Hände fiel. Da wurden sie endlich auf folgende
wunderbare Weise gefangen:
10 In der Herberge zu Cöslin kam eines Abends bei großem Unwetter
ein fremder Reisender an, der unter dem Gollenberge hatte
herreiten müssen und der dabei gar unheimliches Getümmel
oben auf dem Berge vernommen hatte. Er hatte sich deshalb
beeilt, die Stadt zu erreichen, und er zitterte noch und war bleich
15 vor Schrecken, als er in das Gastzimmer trat. Darüber neckten[2]
ihn einige anwesende Gesellen, die sich hinter dem warmen Ofen
wunders wie tapfer und mutig dünkten. Der Reisende bot ihnen
eine große Summe Geldes an, wenn einer von ihnen es wagte,
jetzt gleich auf den Gollenberg zu gehen, und zum Zeichen, dass
20 sie da gewesen, sein Tuch, das er ihnen hinlegte, um die eiserne
Fahne binden würden, die zum Merkzeichen für die Schiffer
auf der Spitze des Berges errichtet war. Aber keiner der Prahler[3]
hatte den Mut, das Abenteuer zu bestehen.

---

[1] *die Kluft:* die Felsspalte, tiefe Schlucht
[2] *necken:* verspotten, sich lustig machen
[3] *der Prahler:* der Angeber

Das hörte die Magd[4] des Wirtshauses, die eine muntere, beherzte
25 Frau war, und weil sie sehr arm war, so kam ihr die Lust an, dass
sie das Geld verdienen möge. Sie sagte das dem Fremden, der
hatte nichts dagegen, und obgleich alle anderen ihr abredeten[5]
und ihr vorstellten, wie sie in die Hände der Räuber fallen und
dann niemals wiederkehren werde, so blieb sie doch fest bei
30 ihrem Vorsatz. Sie nahm das Tuch des Reisenden und ging ganz
allein in dunkler Nacht und in schrecklichem Unwetter aus der
Stadt hinaus dem Berge zu. Anfangs ging alles gut. Sie kümmerte
sich nicht um das Heulen des Sturmes, der durch die Eichen fuhr,
und nicht um das Krächzen der Raben und Eulen, die überall um
35 sie herflogen. Als sie aber die Spitze des Berges erreicht hatte und
so ganz allein dastand in dem furchtbaren Sturmwinde, in der
Nähe der blutigen Räuberbande und fern von aller menschlichen
Hilfe, da klopfte ihr das Herz und sie geriet in eine solche Angst,
dass sie nur kaum noch zu der Fahne gelangen und das Tuch
40 herumwinden konnte.
In dem Augenblicke aber, als sie das tat, hörte sie nahe bei sich
ein lautes Horn, das furchtbare Horn der Räuber, das die
Einwohner von Cöslin nur zu oft in manchen Nächten gehört
hatten.

45 Da vergingen der armen Frau fast die Sinne, und sie sah keine
Rettung. Auf einmal erblickte sie aber neben sich ein Pferd, das
an einen Baum gebunden war. Es war hoch und weiß von Gestalt
und hatte ein silbernes Zaumzeug. Auf das eilte sie zu und löste
es von dem Baum und schwang sich hinauf. Und nun jagte sie
50 vom Berge hinunter, was das Pferd nur laufen konnte.

[4] *die Magd:* junge Hausangestellte
[5] *abreden:* abraten

Allein, die Räuber hatten sie schon gewahrt, das Horn hatte sie
alle beisammengerufen, und auf einmal hörte sie, wie ein großer
Haufen auf schnellen Rossen hinter ihr herjagte und immer näher
an sie herankam. Da trieb sie ihr Pferd stärker an und jagte den
55 Berg hinunter. Und als die Räuber schon dicht hinter ihr waren,
da hatte sie gerade das Stadttor erreicht und sie war gerettet.
Aber die Räuber hatten sie in so großer Verblendung⁶ und Wut
verfolgt, dass sie nicht einmal bemerkten, dass sie sich in der
Stadt befanden. Das war ihr Untergang; denn die mutigen
60 Cösliner schlossen nun geschwind das Tor hinter ihnen zu, fingen
sie alle und sperrten sie ein.
Am anderen Tage zogen darauf die Bürger auf den Gollenberg
und zerstörten das Räubernest gänzlich. Sie fanden dort viele
Reichtümer. Unter der Beute war auch das große Horn der
65 Räuber. Es war drei Fuß lang und von starkem Metall gegossen.
Dasselbe wurde zum Horn des Nachtwächters für die Stadt
bestimmt. Als solches tut es noch bis auf den heutigen Tag in
Cöslin seine Dienste.

1 In dieser Sage werden Wörter und Ausdrücke verwendet,
die man heute nicht mehr benutzt. Wie würdest du Folgendes auf
„Neudeutsch" ausdrücken?

„das Gesindel hatte sich so furchtbar gemacht" (Z. 5–6):

_____

„ungescheut" (Z. 7): _____

„er hatte vernommen" (Z. 13): _____

„sie dünkten sich wunders wie tapfer" (Z. 17): _____

_____

„beherzte Frau" (Z. 24–25): _____

⁶ _in großer Verblendung:_ nicht ganz bei Sinnen

„die Räuber hatten sie schon gewahrt" (Z.51): _____

_____

„gänzlich" (Z.63): _____

2 Notiere, was du über den Reisenden erfährst.

_____

_____

_____

3 Die Männer im Wirtshaus wagten es nicht, auf dem Gollenberg des Halstuch um den Fahnenmast zu wickeln. Die Magd aber schon. Erkläre, warum sie es tut.

_____

_____

_____

4 Warum soll sie das Tuch des Reisenden um den Fahnenmast wickeln?

_____

_____

_____

_____

5 Was für ein Glück, dass die Magd reiten konnte! Wem gehörte wohl das weiße Pferd mit dem silbernen Zaumzeug, mit dem sie vor den Räubern flüchtete?

_____

_____

_____

6 Die Bürger von Cöslin konnten sich nach der Festnahme der Räuber über deren gestohlene Reichtümer freuen.
Dabei spielte das große Horn der Räuber eine besondere Rolle.
Wozu könnten es die Cösliner genutzt haben?

_____

_____

_____

Wo könnte es heute aufbewahrt sein?

_____

_____

_____

7 Diese Geschichte hätte auch anders ausgehen können. Schreibe ein neues Ende. Verwende auch wörtliche Rede.

_____

_____

_____

_____

_____

_____

_____

_____

_____

_____

_____

_____

_____

_____

_____

_____

Christoph Schlobachs großer Hund (Sage aus Sachsen)

Eines Tages hatte Christoph Schlobach eine Kuh auf den Markt
nach Schmiedeberg bringen lassen, um einen Erlös für
die Wirtschaft daraus zu gewinnen.
Es war aber ein ausgesprochen schlechter Geschäftsgang auf dem
5 Markte, so dass bald dieser und jener wieder abzog, um sein Vieh
anderswo anzubieten. Aber Christoph konnte seine Kuh nicht
loswerden, sosehr er sich auch darum bemühte, die Käufer boten
schlecht. Da sah er zufällig einen außergewöhnlich großen Hund
vor dem Wagen eines Fleischers, den er gern erworben hätte.
10 Schon längst hätte er einen solchen für seinen Hof gebraucht, der
ja mitten im Walde einsam lag.
Wie gut konnte dieses mächtige Tier bei den immer unsicheren
Zeiten einen Mann bezwingen und dazu fünf in die Flucht jagen.
Aber auch bei der Sauhatz wäre er gut zu gebrauchen.
15 Der Fleischer aber, dem der Hund gehörte, wollte keinen
geringeren Preis haben als die Kuh, die Christoph zum Markte
brachte. Das schien diesem allerdings etwas hoch zu sein,
aber trotzdem, wenn auch zögernd, willigte der Pechbrenner[1]
in den Tausch ein.

---

[1] Ein Pechbrenner stellte aus dem Harz von Nadelbäumen Pech her, mit dem man
zum Beispiel Holzfässer abdichten konnte.

20 Der Schmiedeberger Fleischer meinte, ein gutes Geschäft gemacht
zu haben. Einige Zeit hütete der große Hund sorgsam und gut
Haus und Hof der Friedrichshütte. Zuweilen ging er auch mit dem
Hausherrn zur Jagd, und dabei fand er besonderes Wohlgefallen,
seine Kräfte mit den starken Ebern und den tapferen Sauen der
25 Wildbahn[2] zu messen. Kein Hund griff so zäh und unermüdlich an
wie dieser.
Da kam zur Winterszeit der Kurfürst auf die Pechhütte zu Besuch
und zur Jagd. Der fand an dem großen, starken Hund Gefallen,
zumal der ja bei der Sauhatz so gut zu gebrauchen war.
30 Und das Tier konnte der Stolz seiner Meute werden.

Also fragte der Kurfürst den Pechbrenner, ob er das Tier haben
könne, und um den Preis. Der aber beeilte sich, seinem
Landesherrn und Freund seines Hauses ein Geschenk damit
zu machen, das der Kurfürst freudig annahm. So kam der Hund
35 zur Meute des Kurfürsten und konnte nun alle Tage Freude
an der schönen Jagd haben.
Dem Pechbrenner Christoph Schlobach aber schickte der Kurfürst,
da er wieder daheim zu Dresden in seiner Residenz war,
ein vollständig gesattelt und gezäumtes Reitpferd!
40 Schien der Tausch einer Kuh gegen einen Hund auch schlecht,
einen Hund gegen Pferd und Sattel zu tauschen und dazu noch
die Freundschaft des Kurfürsten zu haben, war mehr als gut
gelungen!

[2] *die Wildbahn:* der Wald, in dem Wild lebt, zum Beispiel Rehe und Hirsche

1 Erkläre folgende Wörter und Wendungen mit eigenen Worten:

„einen Erlös gewinnen" (Z. 2–3) _____

„einen Hund erwerben" (Z. 8–10) _____

„besonderes Wohlgefallen finden" (Z. 23) _____

„die Sauhatz" (Z. 29) _____

„der Stolz der Meute" (Z. 30) _____

2 Warum wollte Christoph Schlobach den Hund haben?
Schreibe zwei Gründe auf.

_____

_____

_____

_____

3 Stell dir vor: Der Fleischer erfährt, dass Christoph Schlobach zum
Dank für den Hund ein Pferd vom Kurfürsten erhalten hat.
Er erzählt es seiner Frau. Welche Gefühle hat er wohl?
Schreibe seine Rede auf.

_____

_____

_____

_____

4 Was ist wertvoller: ein Pferd mit Sattel oder die Freundschaft
des Kurfürsten? Was meinst du?

_____

_____

_____

5 Eine Fabel ist eine Geschichte, aus der wir immer etwas lernen
sollen. Können wir auch aus der Sage „Christoph Schlobachs
großer Hund" eine Lehre ziehen, obwohl wir keine Kuh besitzen,
die wir gegen einen Hund eintauschen könnten?
Schreibe die Lehre auf.

_____

_____

_____

6 Erinnere dich an die Sage „Die Räuber im Gollenberg".
Du kannst sie auch noch einmal lesen. Welche Lehre oder
Lebensweisheit kannst du in dieser Geschichte entdecken?
Es könnte spannend sein, das in der Gruppe zu diskutieren.
Schreibt das Ergebnis auf.

_____

_____

_____

_____

Ritter Sankt Georg und der Drache
(Sage aus Sachsen-Anhalt)

Als einst die Burg zu Nebra von Feinden belagert wurde,
geriet die Besatzung in große Not und Bedrängnis, weil sich
die Belagerer der außerhalb der Burgmauern gelegenen Quelle
bemächtigt hatten.
5 Bald quälte unerträglicher Durst die Eingeschlossenen, und weit
und breit war nicht das allerkleinste Wölkchen am Himmel
zu sehen, welches ihnen wenigstens Regen gebracht hätte.
Schon fingen die Männer an zu verzweifeln, denn ihre Lippen
waren trocken und die Glieder drohten jeglichen Dienst zu
10 versagen. Dabei war die Quelle doch so sehr nahe: Dort, wo
die Gaststätte „Zur Sorge" stand, sprudelte klares Wasser aus
dem Felsen hervor.
In dieser Notlage fasste sich das Burgfräulein ein Herz und schlich
heimlich in der Dunkelheit, ohne auch nur jemandem ein
15 Sterbenswörtchen zu sagen, hinunter zur Quelle am Burgberg.
Damit bewies sie großen Mut.
Als sie unbemerkt das so lebensnotwendige Nass erreicht hatte
und sich bückte, um Wasser in ihren Krug zu schöpfen, fuhr
ein scheußlicher Drache aus einer nahe gelegenen Höhle hervor
20 und bedrohte die Jungfrau mit einem schrecklichen Tode.

In diesem Augenblick aber sprengte Ritter Sankt Georg, vom
Wendelstein kommend, mit einem Gefolge bewaffneter Reiter
herbei. Mutig stürzte er mit vorgestreckter Lanze auf den sich
aufbäumenden Drachen los und bohrte ihm den spitzen Stahl so
25 tief in den Giftrachen, dass dieser sich wild aufbäumte und dann
tot zur Erde stürzte. Er befreite nicht nur die Jungfrau von
dem Ungetüm, sondern auch die Bewohner der Burg von ihren
Feinden. Sie kamen endlich wieder in den Genuss ihrer Quelle und
konnten sich nach Herzenslust erfrischen.
30 Im Stadtwappen zu Nebra
sieht man seitdem
den Ritter Sankt Georg
im Kampfe mit dem Drachen.*

1 Gibt es die Burg von Nebra noch heute?
Wo liegt sie? Recherchiere.

Die Burg Nebra ist heute _____.

Sie liegt in _____.

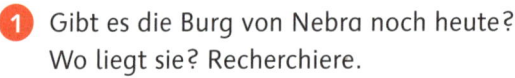

2 Was bedeutet der Ausdruck:
„Sie (die Belagerer) hatten sich der Quelle bemächtigt" (Z. 2 ff.)?

_____

_____

_____

3 Umschreibe den Ausdruck
„die Glieder drohten jeglichen Dienst zu versagen" (Z. 9 f.).

_____

_____

_____

4 Wer ist mutiger: das Burgfräulein oder der Ritter Georg?
Begründe deine Meinung.

_____

_____

_____

_____

_____

5 Die Sage ist in einer altertümlichen Sprache geschrieben.
Gefällt dir diese Sprache?

☐ ja   ☐ nein

6 Versuche, die Sage in moderner Sprache umzuschreiben. Schreibe auf ein extra Blatt und lies den Text deinen Mitschülerinnen und Mitschülern vor.

7 Welche Gemeinsamkeiten gibt es zwischen den Sagen „Ritter Sankt Georg und der Drache" und den „Räubern vom Gollenberg"?
Ein Tipp: Beachte das jeweilige Ende der Sagen.

_____

_____

_____

_____

_____

_____

_____

Der silberne Nagel (Sage aus Thüringen)

Zu der Zeit, als der Bergbau um Oberhof zu erliegen drohte,
wohnte in der Holzgasse ein Steiger. Er war jung, kräftig und
fleißig, aber sehr arm. Nur ein schmales Bett, einen Tisch, einen
Schemel und eine schwere Truhe nannte er sein eigen.

5 In der Truhe bewahrte er sein Handwerkszeug auf, das er hoch in
Ehren hielt. „Mein Handwerkszeug kann mir Brot und Tod geben",
pflegte er immer zu sagen.

Als sich in den bekannten Erzgängen kaum noch silberhaltiges
Gestein fand, nahm der Steiger in freien Stunden sein Werkzeug

10 zur Hand und streifte unermüdlich in den Wäldern umher, um
nach neuem Silberstein zu suchen. Lange mühte er sich
vergeblich, aber er ließ nicht ab. Eines Tages begab er sich in die
Gegend des Kopfberges. Auch hier blieb seine Mühe lange ohne
Erfolg.

1 Nenne fünf Adjektive, die den Steiger (Bergbauarbeiter)
beschreiben.

_____

_____

15 Plötzlich stand aber eine weiß gekleidete Jungfrau vor ihm und
lächelte ihn an. „Weshalb bist du so traurig?", fragte sie leise.
Als der Steiger seine Überraschung überwunden hatte, klagte er
ihr sein Leid. „Bald werden hier viele Menschen Hunger leiden
müssen", schloss er seine Rede, „und doch glaube ich, dass noch
20 viel Silber in den Bergen liegt. Wenn ich es nur finden könnte!"
Die Jungfrau sagte daraufhin freundlich: „Ich kann dir wohl
helfen! Aber du musst mir versprechen, dass du mich zur Frau
nehmen und mich nie daran erinnern wirst, dass ich ein Berggeist
gewesen bin." Der Steiger sah die Jungfrau aufmerksam an,
25 und da sie ihm sehr gefiel, gab er ihr sein Wort.

2 Hätte er ihr sein Wort auch dann gegeben, wenn sie hässlich
gewesen wäre? Schreibe deine Meinung auf.

_____

_____

_____

_____

Nun nahm sie ihn an die Hand und führte ihn zum Kopfberg. Dort
zog sie einen langen, silbernen Nagel aus ihrem Gewand, schlug
ihn tief in die Erde und befahl dem Steiger, am anderen Tag an
dieser Stelle zu schürfen. Sie aber würde ihn in genau vier Wochen
30 dort erwarten, wo sie ihn heute getroffen habe. Bis dahin solle er
die Hochzeit richten.

Am anderen Tage schürfte der Steiger an der Stelle, die ihm
der silberne Nagel bezeichnete. Da fand er wahrhaftig einen
Silbergang von solch einer Stärke, wie er ihn in seinem Leben
35 noch nicht gesehen hatte. Voller Freude eilte er zurück nach
Oberhof und gab seinen Fund bekannt. Nun wurde am Kopfberg
ein neuer, großer Erzgang geschlagen, und die drohende Not war
vorerst abgewendet. Der Steiger aber wurde durch den Fund reich
und berühmt. Doch er vergaß darüber nicht die Jungfrau und
40 das gegebene Versprechen. Heimlich, damit die Leute nicht
unnötig darüber schwatzen sollten, richtete er die Hochzeit,
und am vereinbarten Tag holte er seine Braut an jener Stelle ab,
wo sie ihm zuerst begegnet war. Sie fuhren von dort gleich
zur Kirche, und der Pfarrer vermählte sie.
45 Am Abend saßen sie zusammen in der Wohnstube des neuen
Hauses, das sich der Steiger gekauft hatte. Sie freuten sich, und
die junge Frau meinte, dass das Glück immer bei ihnen bleiben
werde, wenn er sein Versprechen nicht vergesse. Er vergaß es
auch viele Jahre nicht, niemals erinnerte er seine Frau daran,
50 dass sie einst ein Berggeist gewesen war. Sie gebar ihm zwei
schöne Kinder, einen Knaben und ein Mädchen, und das Glück
war ihnen und der ganzen Stadt hold[1].

3 Wie wird die Geschichte wohl weitergehen?
Schreibe deine Vermutung auf.

---

[1] *hold:* treu

Aber ein Mensch vermag nicht über seinen Schatten zu springen.
Eines Abends ärgerte sich der Steiger, der zuweilen sehr heftig
55 und jähzornig sein konnte, über seine Frau, weil sie ihm das Essen
versalzen hatte. „Nicht einmal kochen kannst du", rief er in seinem
Zorn. „Woher soll denn ein Berggeist auch kochen können!"
Kaum hatte er das gesagt, war die Frau verschwunden und
mit ihr der kleine Knabe. Nur das Mädchen saß noch am Tisch
60 und weinte.

Der Steiger eilte in den Wald zum
Kopfberg, um seine Frau zu suchen. Doch
er fand sie nicht wieder. Er suchte die
ganze Nacht. Als er todmüde und traurig
65 am anderen Morgen zur Silbergrube kam,
war diese ebenfalls verschwunden. Nun
war die Not groß in Oberhof. Bald zog der
Hunger ein, und die Tränen nahmen kein
Ende. Am traurigsten aber war der Steiger.
70 Er siechte langsam dahin. Auch sprach er
kaum noch ein Wort mit den Nachbarn.
Die Tochter hatte er zu einer guten alten
Muhme[2] gebracht, die sich liebevoll um
das Kind kümmerte. Er selbst suchte
75 weitere Tage und Nächte in den Wäldern
nach seiner Frau.

4 Vermute, warum er nach seiner Frau sucht.
Vermisst er sie? Welche Gründe könnte er noch haben?

_____

_____

_____

_____

[2] _die Muhme:_ altes Wort für Tante

Als er schon jede Hoffnung auf ein Wiedersehen aufgegeben
hatte, stand sie eines Abends vor ihm. Sie trug wieder jenes
lange, weiße Gewand, in dem sie ihm damals begegnet war,
80 lächelte ihn traurig an und sagte leise: „Unser Glück ist durch
deine Schuld vergangen. Aber auch das Glück vieler anderer
Menschen hast du zerstört. Wenn du es ihnen wiedergeben willst,
so folge mir in den Berg. Alsdann wird jener große Silbergang den
Menschen wieder offen sein. Für unsere Tochter aber lass mich
85 sorgen. Sie wird schön und tüchtig werden und von unserem
Unglück nichts ahnen. Wenn du also ein Herz hast, so komm!"
Sie streckte ihm die Hand entgegen, die der Steiger sogleich
ergriff. Von Stund an war auch er verschwunden.

5 Was glaubst du, wo lebt der Steiger nun? Oder ist er vielleicht tot?

_____

_____

_____

_____

Am anderen Tage fanden die Oberhofer den Erzgang wieder und
90 brauchten keine Not mehr zu leiden. Das Mädchen blieb gut und
schön. Ein braver Mann nahm es zur Frau. Den Steiger hat man
niemals wiedergesehen.
An der Stelle jedoch, wo die Bergfrau damals den silbernen Nagel
in die Erde schlug, blieb eine kahle Stelle, auf der nichts wächst,
95 weder Baum noch Strauch. Man nennt sie heute noch
den Silbernen Nagel.

6 „Aber ein Mensch vermag nicht über seinen Schatten zu
springen." (Z. 53) Was bedeutet dieser Satz?

_____

_____

_____

_____

_____

_____

7 Glaubst du, dass man in Oberhof heute noch weiß,
warum die kahle Stelle auf dem Kopfberg, wo nichts wächst,
der Silberne Nagel genannt wird?
Besprich das mit den Mitschülerinnen und Mitschülern.

Der Teufelsdamm im Galenbecker See
(Sage aus Mecklenburg-Vorpommern)

In vielen Sagen gehen Menschen einen Pakt mit dem Teufel ein.
Dabei erscheint der Teufel in Menschengestalt und bietet
einen Handel an, für den er als Bezahlung die Seele
des Vertragspartners fordert.
Meist gelingt es den Menschen jedoch, den Teufel zu überlisten.

Auf der Grenze zwischen Pommern und Mecklenburg liegt
der Galenbecker See. In diesem sieht man die Überbleibsel eines
ungeheuren, nicht ganz fertig gewordenen Dammes, der gerade
mitten durch den See geht. Dieser Damm heißt der Teufelsdamm
5 und man erzählt sich über seine Entstehung Folgendes:
Vor Zeiten lebte in der Gegend ein Schäfer, der musste alle Morgen
seine Herde fast rund um den See auf die Weide treiben, und
ebenso musste er auch einen solchen Umweg machen, wenn er
sie des Abends in den Stall zurücktrieb. Das verdross den Schäfer
10 und er wünschte sich manchmal im Stillen und laut, dass
doch durch den See ein Damm gehen möge, auf dem er
geraden Weges seine Schafe treiben könne.

Eines Abends, als er mit seiner Herde nach Hause wollte und es
ein wüstes Wetter war, verwünschte er einmal mehr den Umweg,
15 den er nehmen musste.
Da trat auf einmal ein Wandersmann an ihn heran, der hörte mit
stillem Lachen seinen Klagen zu und sagte dann: „Da wäre
zu helfen. Einen Damm durch den See baue ich dir wohl leicht,
wenn dir so viel daran gelegen ist; du musst mir nur versprechen,
20 dass du dafür auf immer mein Eigen sein willst. Das kann dir ja
nicht schaden, denn ich bin selbst nur ein einfältiger Hirte wie du,
und wenn du mir eigen bist, so bin ich ja auch dein."
Solchen gewagten und arglistigen Reden hörte der Hirte wohl zu
und er ahnte, mit wem er es zu tun habe und dass es der Teufel
25 sei. Anfangs überkam ihn die Angst, bald aber fasste er sich
ein Herz und er antwortete: „Kamerad, das soll ein Wort sein,
was du da sagst, aber dein bin ich nur unter der Bedingung,
dass der Damm vor dem ersten Hahnenrufe fix und fertig ist."
Das sagte ihm der Teufel zu.
30 Währenddessen schlug die Turmglocke in dem nahen Dorfe
Mitternacht. Auf einmal erhob sich in dem Walde, der den See
umgab, ein fürchterliches Brausen des Sturmes, und nun sah

der Schäfer, wie der Teufel in dem Sturme hin und her flog und
die größten Eichen anpackte und aus der Erde riss, wie man
35 Unkraut ausjätet, und sie in den See hineinwarf, eine neben
der andern und übereinander, so dass sie sich zu einem breiten,
hohen Damm zusammenfügten, der immer größer wurde und
dem anderen Ufer des Sees sich immer mehr näherte.
Der Schäfer, als er den Pakt einging, hatte in seinem Sinne
40 gedacht, der Teufel werde in einer Nacht mit dem Damme
unmöglich fertig werden. Als er aber jetzt sah, wie geschwind
das Werk dem Bösen von der Hand ging, da geriet er in
große Angst. Doch klug wie er war, besann er sich auf eine List,
und er fing an zu krähen wie ein Hahn, damit der Teufel glauben
45 solle, der Hahn habe wirklich gekräht.
Aber der Teufel merkte die List und sagte lachend zu ihm:
„Die Stimme kenne ich, Schäfer; der Hahn verdirbt mir mein Werk
noch nicht." Und nun arbeitete er nur umso emsiger weiter, dass
der Damm schon bald fertig war und dem Schäfer immer banger
50 wurde. Der besann sich vergebens auf ein anderes Mittel, den
Klauen des Satans zu entgehen. Es wollte ihm nichts einfallen.
Da fing er zuletzt in seiner Todesangst so laut und schreiend an
zu krähen, dass es wirklich so klang, als wenn ein Hahn
den Morgen ankündigt. Der Teufel warf zornig den Baum,
55 den er gerade gefasst hatte, mitten in den See hinein und
verschwand eilig unter Blitz und Donner.
Der Damm, welcher auf solche Weise nicht fertig geworden, geht
wie eine schmale Landzunge in den See hinein.

1 „Das verdross den Schäfer." (Z. 9)
Das Verb „verdross" ist eine Vergangenheitsform (Präteritum)
von „verdrießen". Suche das Verb im Wörterbuch und lies
die Bedeutungserklärung. Schreibe den Satz in deinen Worten um.

_____

_____

_____

2 Kann der Schafhirte sich darüber freuen, dass er den Teufel
überlistet hat? Begründe deine Antwort.

_____

_____

_____

_____

_____

_____

_____

_____

3 Was wird er aus dieser Begegnung lernen?

_____

_____

_____

_____

_____

_____

_____

Im Lexikon steht folgender Eintrag:

Der **Galenbecker See** im Bundesland Mecklenburg-Vorpommern liegt im Landkreis Mecklenburgische Seenplatte. Er wird durch eine Halbinsel, die Teufelsbrücke, in zwei ungefähr gleich große Becken geteilt. Der See hat eine ungefähre Länge von 4,2 Kilometern, eine Breite von zwei Kilometern und eine durchschnittliche Tiefe von nur 75 Zentimetern. Beckensande (Rückstände aus der Eiszeit) lagerten sich im Lauf der Zeit ab und ein Flachsee entstand, der bald vom Rand her verlandete.

4 Es gibt also eine Erklärung für die natürliche Entstehung des Dammes. Warum haben die Menschen dann eine Teufelsgeschichte dazu erfunden?
Sprich mit deinen Klassenkameraden darüber.

5 Gibt es in deiner Umgebung Orte, die den Teufel im Namen tragen? Was für Orte sind das? Warum hat man ihnen diesen Namen gegeben?
Forsche nach und schreibe die Namen der Orte auf.

_____

_____

_____

_____

_____

_____

_____

Die Teufelsmühle (Sage aus Brandenburg)

Nicht weit von Biesenthal, im heutigen Landkreis Barnim gelegen, standen vor langer Zeit zwei Wassermühlen. Sie lagen nicht weit voneinander entfernt an der Alten Finow, umgeben von einem großen, dunklen Wald.

5 Die eine davon hieß die Teufelsmühle, weil der leibhaftige Teufel darin wohnte. Dieser hatte mit dem Besitzer der anderen Mühle einen Pakt abgeschlossen: Seine Arbeit würde sich ganz von selbst erledigen, wenn der Müller dem Teufel an jedem ersten Tag im Monat eine Seele ablieferte.

10 Der Müller erfüllte seinen Vertrag jeweils pünktlich. Er schickte einen Gesellen zur Teufelsmühle mit dem Auftrag, dort eine Fuhre Sägespäne abzuladen. Bald aber war er sehr in Verruf geraten, denn jeder neue Geselle war nach kurzer Zeit spurlos verschwunden.

15 Eines Tages klopfte ein Müllerbursche aus dem Schwabenland an die Tür des Müllers. Er war in Biesenthal gewarnt worden, nicht zu den Mühlen zu gehen, weil dort unheimliche Dinge passieren würden. Aber da er kein Geld und kein Brot mehr hatte, suchte er dringend nach einer Arbeitsstelle. Der Müller nahm ihn natürlich

20 gerne auf und sagte ihm, was er zu tun habe. So sollte er am nächsten Tag, dem 1. Juli, eine Ladung Sägespäne zur benachbarten Mühle bringen. Der Geselle spannte also am nächsten Morgen den Ochsen vor den Anhänger, den er zuvor mit den Sägespänen beladen hatte, und fuhr zur Teufelsmühle hinüber.

25 Als er dort angekommen war, trat ein Mann mit schwarzem
Umhang aus dem Haus. Die Kapuze hatte er tief ins Gesicht
gezogen. Er befahl dem jungen Mann mit heiserer Stimme, die
Sägespäne in eine tiefe Grube zu werfen, die im Hof ausgehoben
war. In diese Grube wollte der Teufel den Gesellen hineinstürzen,
30 während er die Sägespäne ablud. So hatte er es mit allen
anderen Müllerburschen auch getan.
Dieser ahnte jedoch, dass es hier nicht mit rechten Dingen
zuging. Er weigerte sich, die Fuhre abzuladen, da sein Auftrag
lediglich der Transport der Sägespäne sei. Der Teufel fluchte und
35 schimpfte, aber der Geselle ließ sich nicht beeindrucken. So warf
der Teufel selbst eine Schaufel voll Späne in die Grube. Als er
dem Jungen den Rücken zuwandte, stieß dieser ihn mit aller Kraft
in das tiefe Loch.
Da gab es ein lautes Donnern, aus der Grube stieg schwarzer
40 Rauch auf und es roch nach Schwefeldampf. Im selben Moment
brach die Mühle in sich zusammen und auch alle anderen
Gebäude zerfielen zu Staub.
Der Teufelssitz war zerstört und der Müllerbursche nahm
das Gespann und fuhr erleichtert davon.

1 Was glaubst du, wohin der kluge Geselle fahren wird?
Spreche mit deinen Mitschülerinnen und Mitschülern darüber.

Auch der Schriftsteller Otfried Preußler muss von der Sage um die Teufelsmühle gehört haben. In seinem 1971 erschienenen Roman geht es um den Waisenjungen Krabat, der auf der Suche nach einer Unterkunft und Verpflegung zu einer einsam gelegenen Mühle kommt.

1 Lies die Zusammenfassung von Krabats Geschichte und vergleiche.

Krabat

Krabat verdingt[1] sich bei dem Meister der Mühle, obwohl die Anwohner des nahe gelegenen Ortes Schwarzkollm ihn gewarnt haben, dass dort seltsame Dinge vor sich gehen. Außer ihm leben dort elf weitere Müllerburschen. Die Arbeit ist hart, aber Krabat
5 ist froh, ein Bett zu haben und reichlich zu essen zu bekommen. Bald schon bemerkt er, dass es in der Mühle nicht mit rechten Dingen zugeht.
Nach drei Monaten Probezeit wird er vom Meister in die Schule der Schwarzen Künste aufgenommen. Krabat erkennt, welche
10 Macht ihm die Zauberei verleiht, und liefert sich der Schwarzen Magie[2] mit Leib und Seele aus.
Der scheinbar allmächtige Meister fürchtet sich nur vor einem, dem Herrn Gevatter, der in jeder Neumondnacht mit seiner Kutsche zur Mühle kommt. Dann müssen die Müllerburschen
15 die ganze Nacht hindurch seltsame Arbeiten verrichten.

[1] *sich verdingen:* arbeiten, Aufträge erledigen
[2] *die Schwarze Magie:* die Zauberkraft, die Böses bewirkt

Gegen Ende des Jahres breitet sich unter den Burschen eine
spannungsvolle Angst aus, deren Ursache Krabat erst versteht,
als der Älteste der Gesellen ums Leben kommt. Während sein Tod
Krabat völlig unerwartet trifft, scheinen die anderen nicht
20 überrascht zu sein. Der Meister hat nämlich einen Pakt mit dem
Herrn Gevatter geschlossen: In jedem Jahr in der Silvesternacht
muss einer der Schüler geopfert werden, sonst muss der Meister
selbst sterben.

2 Wer ist der „Herr Gevatter"? Sprecht im Unterricht darüber.

Keiner der Bewohner der Mühle kann fliehen, sie werden ständig
25 überwacht. Wer sich dem Meister verschrieben hat, muss bleiben
bis zu seinem Tod.
Das zweite Jahr vergeht mit der täglichen Arbeit in der Mühle,
den wöchentlichen Unterweisungen in der Schwarzen Kunst und
den Neumondnächten, in denen der Herr Gevatter erscheint.
30 In der Silvesternacht stirbt wieder der älteste der Müllerburschen.
Nach drei Jahren wird Krabat am Dreikönigstag selbst vom
Lehrling zum Gesellen ernannt. Einer der anderen Burschen verrät
Krabat, wie er den Fluch, der auf der Mühle liegt, brechen kann.
Es braucht dazu die Liebe einer Frau, die zu jedem Opfer bereit
35 ist, ebenso wie seine eigene Willenskraft, um sich der Macht des
Meisters zu entziehen.
Von nun an lernt Krabat mit unermüdlichem Ehrgeiz immer mehr
Zauberkünste, mit deren Hilfe es ihm auch gelingt, vom Meister
unbemerkt ins Dorf Schwarzkollm zu kommen. Dort lernt er
40 ein Mädchen kennen und lieben. Sie ist dazu bereit, zur Mühle
zu gehen und den Meister zu bitten, Krabat freizugeben. Dort
muss sie sich einer schwierigen Aufgabe stellen: Mit verbundenen
Augen soll sie die Reihe der Müllerburschen abschreiten und
Krabat erkennen. Sie spürt die Angst, die Krabat um sie hat, und
45 erkennt ihn daran.
Damit ist das Böse besiegt und der Meister stirbt. Die zwölf
Gesellen und das Mädchen können fliehen. Hinter ihnen geht die
Mühle in Flammen auf und zurück bleiben nur Staub und Asche.

3 Vergleiche die Sage von der Teufelsmühle mit Otfried Preußlers „Krabat". Beantworte dazu die W-Fragen stichwortartig in der Tabelle:

Die Teufelsmühle	Krabat
Wie beginnt die Geschichte?	
Welche Personen kommen vor?	
Wer ist der Böse?	
Wer ist der Held?	

Die Teufelsmühle	Krabat

Wie oft muss ein Geselle sterben?

_____   _____

_____   _____

Wann genau sterben sie?

_____   _____

_____   _____

Wie besiegt der Held das Böse?

_____   _____

_____   _____

_____   _____

_____   _____

Wie endet die Geschichte?

_____   _____

_____   _____

_____   _____

_____   _____

4 „Lass dich nicht mit dem Bösen ein."
Ist es das, was wir aus solchen Erzählungen lernen sollen?
Begründe deine Meinung.

_____

_____

_____

_____

_____

5 Was könnte dieses Böse heute sein?

_____

_____

_____

_____

_____

Die Sage vom Scheibenberge und seinem Zwergkönig
(Sage aus Sachsen)

Das Städtchen Scheibenberg im Obererzgebirge hat seinen Namen
von dem an seiner nordwestlichen Seite befindlichen tafelförmigen
Basaltberge[1] gleichen Namens.
Derselbe soll von Zwergen bewohnt sein und reiche Schätze in
5 sich schließen. An der Morgenseite des Berges befindet sich eine
Art Höhle, das Zwergloch genannt. Darin wohnten der Sage nach
viele Zwerge, deren König Oronomassan hieß. Sie waren nicht über
zwei Schuh lang und trugen recht bunte Röckchen und Höschen.
Es schien ihr größtes Vergnügen zu sein, die Leute zu necken;
10 sie taten aber auch manchem viel Gutes und halfen vorzüglich
frommen und armen Leuten.
Einst im Winter ging ein armes Mädchen aus Schlettau in den
am Fuße des Scheibenberges gelegenen Wald, um Holz zu holen.
Da begegnete ihr ein kleines Männchen mit einer goldenen Krone
15 auf dem Haupt, das war Oronomassan. Er grüßte das Mädchen
und rief gar kläglich: „Ach, du liebe Maid, nimm mich mit in
deinem Tragkorb! Ich bin so müde, und es schneit und ist so kalt,
und ich weiß mir keine Herberge! Drum nimm mich mit zu dir
in dein Haus!"
20 Das Mädchen kannte den Zwergkönig zwar nicht, aber da er gar
zu flehentlich bat, so setzte sie ihn in ihren Tragkorb und deckte
ihre Schürze über ihn, damit es ihm nicht auf den Kopf schneien
möchte. Darauf nahm sie den Korb auf den Rücken und trat
den Rückweg an.

---

[1] *der Basalt:* dunkler Naturstein vulkanischen Ursprungs, oft verhärtet in fünf-
oder sechseckigen Säulen

25 Aber das Männchen in dem Korb war zentnerschwer, und sie
musste alle Kräfte zusammennehmen, dass sie die Last nicht
erdrückte. Als sie nach Hause gekommen, setzte sie den Tragkorb
keuchend ab und wollte nach dem Männchen darin sehen und
deckte ihre Schürze ab. Aber wer schildert ihr freudiges Staunen?
30 Das Männchen war fort und statt seiner lag in dem Tragkorb
ein großer Klumpen gediegenen Silbers.*

1 Was wird wohl mit der Morgenseite des Berges (Z. 5)
gemeint sein?
Tipp: Kennst du den Merkspruch zu den vier Tageszeiten?

_____

_____

2 Viele Menschen glauben, dass in dunklen Wäldern, bei schroffen
Felsen oder an tiefen Seen seltsame Wesen leben.
Die Scheibenberge haben eine besondere Form.
Beschreibe ihr Aussehen.

_____

_____

_____

_____

3 Sind die Zwerge vom Scheibenberg gute oder böse Wesen?

_____

_____

_____

4 „Die Zwerge waren nicht über zwei Schuh lang." (Z. 7–8)
Wie groß waren sie also ungefähr? Nimm ein Lineal und miss
deinen Fuß vom großen Zeh bis zur Ferse, verdopple das Maß –
dann weißt du es!

Die Zwerge waren ungefähr _____ cm groß.

5 „[...] und trugen recht (ziemlich) bunte Röckchen und Höschen."
(Z. 8) Heutzutage verstehen wir unter einem „Rock" in erster Linie
ein Kleidungsstück für Frauen und Mädchen.
In früherer Zeit war es die Bezeichnung für die Jacke, das Jackett
einer männlichen Person.
Male einen oder mehrere Zwerge, so wie du dir sie nach
der Beschreibung in dieser Sage vorstellst; vielleicht sogar
den Zwergenkönig selbst.

6 Der Zwerg wollte das Mädchen prüfen.
Welche Lehre steckt in dieser Sage?

_____

_____

_____

_____

7 Was wäre deiner Meinung nach geschehen, wenn das Mädchen
den Zwergenkönig nicht mitgenommen hätte?

_____

_____

_____

_____

8 Schreibe die Sage um.

_____

_____

_____

_____

_____

Ludwig der Eiserne baut eine lebende Mauer
(Sage aus Sachsen-Anhalt)

1 Was stellst du dir unter einer lebenden Mauer vor?

_____

_____

_____

_____

2 Warum hatte Ludwig wohl den Beinamen „der Eiserne"?

_____

_____

Als Kaiser Friedrich Rotbart von einem
Kriegszuge heimkehrte, herbergte[1] er
bei seinen Verwandten auf der
Neuenburg bei Freyburg. Er blieb eine
5 Zeit lang bei ihnen, man war fröhlich
und guter Dinge und scherzte oft
miteinander. Eines Morgens besah sich
der Kaiser die Burg und ihre Umgebung
und kam sehr nachdenklich zurück.
10 „Eure Burg, lieber Ludwig, behagt mir
wohl[2], aber sie müsste gute und feste
Mauern haben, dann wäre mir
wohler!"

[1] _herbergte er:_ war er zu Gast
[2] _behagt mir wohl:_ gefällt mir sehr

„Um die Mauern sorg' dich nicht, die kann ich schnell erschaffen,
15 sobald ich ihrer bedarf", erwiderte der Landgraf. Da fragte
der Kaiser: „Und wie bald kann eine gute und feste Mauer
hierherum gemacht werden?"
„Herr, es sollen nur drei Nächte vergehen", antwortete Ludwig,
„und ich will eine so gute und köstliche Mauer um diese Burg
20 machen lassen, dass in Thüringen[3] ihresgleichen nirgends gefunden
wird." Da lachte der Kaiser und sprach: „Das wäre ein Wunder,
und wenn selbst alle Steinmetze des Deutschen Reiches hier
beisammen wären; so möchte das kaum geschehen können."
Danach ging man zu Tische, der Landgraf aber bestellte heimlich
25 Boten zu Ross und sandte sie zu allen Grafen und Herren in
Thüringen, dass sie eiligst kommen sollten zu ihm nach Freyburg
auf die Neuenburg, mit nur wenigen Leuten wohl gewappnet und
aufs Beste geschmückt. In der zeitigen Frühe des dritten Tages,
als der Kaiser noch schlief, stellte Ludwig seine Vasallen[4] auf
30 den Graben um die Burg, gewappnet und geschmückt, als wenn
man zum Streite[5] ausziehen wollte. Jeder Graf oder Edelmann
hatte seinen Knecht vor sich, der den Helm hielt, so dass man
deutlich jedes Wappen erkennen konnte. So standen nun alle
Dienstmannen um die Burg, hielten ihre Waffen in den Händen,
35 und wo ein Mauerturm stehen sollte, da stand ein Graf oder
Edelmann mit dem Banner.

---

[3] Hinweis: Die Burg gehörte den Thüringer Landgrafen.
[4] *die Vasallen:* die Gefolgsleute
[5] *zum Streite:* zum Kampf

Als Ludwig das alles gut bestellt hatte, ging er zum Kaiser und
sagte: „Herr, beliebt es Euch, die Mauer zu beschauen, dieselbe
ist fertig!" Da sprach Kaiser Friedrich Rotbart: „Ihr täuscht mich",
40 und bekreuzigte sich, weil er meinte, das sei nur mit dem Teufel
im Bunde zuwege gebracht worden. Und als er heraustrat und so
viel Schmuck und Pracht erblickte, dazu die machtvolle Schar, auf
ihres Herrn Geheiß[6] herbeigeeilt und bereit, ihn zu decken und zu
schützen mit ihren Leibern, einer Mauer gleich, da fand er keine
45 anderen Worte als: „Noch nie habe ich Zeit meines Lebens
eine solche Mauer erblickt. Habt Dank, dass Ihr mir zu Ehren
eine solche erschaffen habt."

3 Finde heraus, ob es diesen Kaiser Friedrich Rotbart wirklich
gegeben hat. Schreibe die Antwort in einem Satz auf.

_____

_____

_____

4 Beschreibe deiner Nachbarin oder deinem Nachbarn die lebende
Mauer. Oder male ein Bild in den Rahmen auf der nächsten Seite.

_____

_____

_____

_____

_____

[6] _das Geheiß:_ der Befehl

5 Glaubst du, dass eine Mauer aus Stein besser wäre? Begründe.

_____

_____

_____

_____

_____

6 Spielt den Dialog zwischen Kaiser Rotbart und Ludwig
dem Eisernen als Rollenspiel.
Entscheidet euch für eine der Rollen und schreibt die Sätze
heraus, die ihr sagen werdet.
Übt das Sprechen und gebt euch Rückmeldung.

7 Kreuze an: Bei dieser Sage handelt es sich um:

☐ eine Heldensage

☐ eine Göttersage

☐ eine Ortssage

Die fremde Kuh (Sage aus Thüringen)

Im Ruhlatal befindet sich zwischen den Dörfern Schönau und
Farnroda eine Felswand, die man den Wittgenstein nennt.
Vor Zeiten stand auf diesem Felsen ein Schloss. Eine Prinzessin,
die in dem Schloss wohnte, ist in späteren Jahren in den Felsen
5 gebannt worden. Warum, weiß eigentlich niemand mehr so recht
zu sagen. Nur alle sieben Jahre darf die Prinzessin einmal den
Felsen verlassen. Wer sie erblickt und nicht erschrickt oder sich
nicht vor ihr fürchtet, der darf von ihr ein Geschenk erwarten.
Wer aber vor ihr flieht oder sie ärgert, der muss mit
10 dem Schlimmsten rechnen.

1 Warum wurde die Prinzessin wohl verbannt?
Was hat sie Böses getan? Wer bestrafte sie so hart?

Einst bemerkte ein Farnroder Hirt bei seiner Herde des Öfteren
eine fremde Kuh, die sehr stattlich anzusehen war, von der er
aber nicht wusste, woher sie kam. Früh war sie da, abends war
sie wieder verschwunden. Das ließ dem Hirten keine Ruhe, und so
15 ging er ihr schließlich einmal nach. Da sah er, wie sie unter Erlen
und Weidengebüsch verschwand und in eine Kluft des Wittgen-
steins lief.
Neugierig folgte ihr der Hirt, bis er schließlich an eine Tür kam.
Dort klopfte er an. Es öffnete die Prinzessin und fragte ihn, was er
20 begehrte[1]. Der Hirt antwortete keck[2]: „Ich wollte um das Hutgeld
für die Kuh bitten, die ihr alle Tage zur Herde schickt." Daraufhin
reichte ihm die Prinzessin einen Silbertaler und sagte: „So, hier
hast du deinen Lohn! Hättest du ihn nicht verlangt, wäre er dir
reichlicher zuteilgeworden." Die schöne Kuh ist danach
25 nie wieder aus dem Berg auf die Weide des Hirten gekommen.

2 Der Begriff „Hutgeld" hat nichts mit einer Kopfbedeckung zu tun.
Von welchem Verb kann man es ableiten?
Tipp: Kennst du den Ausdruck „auf der Hut sein"?

„Hutgeld" = _____

[1] *was er begehrte:* was er wollte
[2] *keck:* frech, dreist

3 „Hättest du ihn nicht verlangt, wäre er dir reichlicher zuteilgeworden." Was meint die Prinzessin mit dieser Aussage?

_____

_____

_____

_____

_____

_____

4 Welche Lehre kannst du in dieser Geschichte entdecken?

_____

_____

_____

_____

_____

_____

_____

_____

5 Welche der zehn Sagen aus dem Leseheft hat dir am besten gefallen? Begründe.

_____

_____

_____

_____

_____

_____

_____

6 Male ein Bild zu deiner Lieblingssage.

7 Macht zusammen ein Ratespiel: Eine/-r von euch erzählt eine der Sagen aus dem Leseheft nach und die anderen müssen erraten, wie der Titel der Sage ist.
Sagt auch dazu, um was für eine Art von Sage es sich handelt.